काव्यांश

अनामिका मिश्रा

क्रम-सूची

क्रम-सूची

क्रम-सूची

पावती (स्वीकृति)

I cannot express enough thanks to my team for their continued support and encouragement . I offer my sincere appreciation for the learning opportunities provided by YOUNG WRITERS GROUP.

My completion of this project could not have been accomplished without the support of my parents ,and my family. To my loving once.

The completion of this book won't have been possible without the constant support of my family, friends and the Almighty foremost...

my deepest gratitude. Your encouragement when the times got rough are much appreciated and duly noted. It was a great comfort and relief to know that you were willing to provide management of our household activities while I completed my work. My heartfelt thanks.

लेखक का परिचय

नाम- अनामिका मिश्रा

झारखंड सरायकेला में रहतीं हूँ।

मैं लेखिका और कवयित्री भी हूँ, कविताएँ, ग़ज़ल, दोहे, घनाक्षरी, मुक्तक, कहानी, और लघुकथा भी लिखतीं हूँ। समाचार पत्रों में रचनाएं छपवा चुकी हूं, साझा संकलन में रचनाएं छपी हैं। मैं फिलहाल गृहणी हूँ। स्नातक हूँ,(B. Com),

2020 से मैं सोशल मीडिया से जुड़ी जिसमें मुझे काव्य की बहुत सारे छंद की ज्ञान की प्राप्ति हुई, जैसे,दोहा, मनहरण घनाक्षरी,ग़ज़ल घनाक्षरी में बहुत सारी विधा एवं चौपाई, मुक्तक चौपाई की जानकारी हुई।

पिता का नाम- रमेश चन्द्र पांडे

माँ का नाम- विमला देवी

पति का नाम- प्रेम शंकर मिश्रा

पुत्र का नाम- यशस्वी मिश्रा

परिवार के सभी लोगों ने सहयोग किया और सब के सहयोग से ही कोई काम पूर्ण होता है।आशा करती हूं कि सब के सहयोग से मैं और रचनाएं लिखूं और मानसरोवर काव्य मंच का आभार व्यक्त करतीं हूँ, सभी रचनाकारों को ऐसा मंच मिला है जो उनके सभी सपनों को साकार करने का आधार बन गया है इसी तरह ये मंच आगे बढ़ता रहे, और साहित्य क्षेत्र में अपना योगदान करें, और रचनाकारों का आधारशिला बना रहे|

विवरण

Beautiful words and deep feelings enwrapped
to entrap our hearts.... This book has the
collection of poems and shayries that touch the
very core of the soul... Love in the words and
sadness in the feel.... Makes our heart beat
even deeply than it
ever did.... Read and get
engrossed in the world of charismatic words

1. खंडहर

घर सभी खंडहर बने,
मन भी जर्जर हो गया,
रिश्तो का कोई मर्म न समझे,
महल भी खंडहर हो गया।
खंडहर तो खाली ही पड़ा,
पर खामोशी भी गूंजती है,
मन की बातें भी ना समझे,
हर रूह आज घुटती है।
कहां करें अरमान पूरे,
चाहत भी सुरक्षित हो तो,
खंडहरों को भी आजाद,
रहने का एहसास हो तो।
अरमानों का गला घोंटते,
पंख काटे कोई उड़ता हो तो,
अपने ही तो बड़े शिकारी,
गैरों में भी कोई ग़र अपना हो तो।
स्वरचित अनामिका मिश्रा
झारखंड जमशेदपुर

2. तूफान और भंवर

तोड़ना है घमंड हमें तूफानों का,
भंवर से भी लड़ना है,
तूफान और भंवर को बहुत नाज है खुद पर,
हमें मंजिल अपनी तय करना है।
चीर कर निकल जाएंगे,
मंजिल बाहें पसार रही है,
कश्ती भले भंवर में फंसी,
किनारे हमको पहुंचा रही है।
तूफान भी थम जाएगा,
हम मंजिल अपनी पा जाएंगे,
किनारे अपनी कश्ती लगाकर;
जश्न जीत का हम मनाएंगे।
तूफान की औकात नहीं है,
कितना तोड़ेगा ये हमको,
इच्छाशक्ति सम बलवान न कोई,
अब रोक न कोई सकता हम को।
स्वरचित अनामिका मिश्रा
झारखंड जमशेदपुर

3. सफर

जिस सफर में हो खो न जाना,
खो गए तो मुश्किल है लौट पाना,
लौट भी आए तो फिर भी,
नामुमकिन है सब भूल पाना।
पल-पल तड़पेगा दिल,
राह में मन भटकेगा,
लाख कोशिशों के बावजूद,
ये दिल अपना नहीं टिकेगा।
खो जाना आसान है,
मुश्किल होता है निभाना,
पल-पल चुभता रहेगा,
जो बनता रहेगा फसाना।
आसान नहीं है सफर,
मुश्किल है पार पाना,
पर हमने भी ठाना है,
अपनी मंज़िल को पा कर दिखाना।
स्वरचित अनामिका मिश्रा
झारखंड जमशेदपुर

4. सलवटें

झुर्रियाँ हो गई जो कहे बात तप और ज्ञान है,
चेहरे पर बनीं सलवटें तजुर्बे का प्रमाण है।
बात सच्ची कहे नाप कर तोल कर सब सही रहे,
बेवजह ही करें लोग फिर क्यों यहाँ पर गुमान है।
देख लेते नजर से न कहना पड़े कुछ कभी उन्हें,
जान ले वो छुपी बात मन की उन्हें दो सम्मान है।
ले सलह उलझनों में बताएं हमें राह सब सही,
पास उनके सभी हल करें मुश्किलों का निदान है।
फेरते हाथ अपने मिले चैन बेचैनियाँ रहे,
तजुर्बा है अना जो बताए किनारा सुजान है।
स्वरचित अनामिका मिश्रा
झारखंड जमशेदपुर

5. पायल की झंकार

शरद ऋतु का आगमन अब,
ऋतु का चढ़ता अलंकार,
जगदंबे है आने वाली,
हो रही पायल की झंकार।
रुनझुन रुनझुन बज रही है,
मन को दस्तक दे रही,
करने लगे तैयारी सब,
मैया देखो आ रही।
आहिस्ता आहिस्ता,
समय हमें बता रहा,
सुनो जरा झंकार मन में,
शरद ऋतु अब आ रहा।
मन आनंदित और प्रफुल्लित,
किरणें भी सुनहरी सुंदर है,
गुदगुदाती सी बयार और,
झंकृत ये अंतर्मन है।
स्वरचित अनामिका मिश्रा
झारखंड जमशेदपुर

6. मिट्टी की कदर

मिट्टी में हमने जन्म लिया,
मिट्टी से ही पहचान है,
छू लो भले आकाश को तुम,
मिट्टी में ही रहे निशान है।
मिट्टी के ही कण-कण में,
रचा बसा ये जीवन अपना,
यही आधार है संसार का,
बसी है इसी में वसुंधरा।
सब कुछ सह जाए ये मिट्टी,
फिर भी पावन कहलाए,
दूषित इसको कितना करें,
हमको पावन ये कर जाए।
मिट्टी को पहचान कर,
नजदीक इसके रह भी जाओ,
मिट्टी की कदर न मिटाओ की,
एक दिन मिट्टी को तरस जाओ।
स्वरचित अनामिका मिश्रा
झारखंड जमशेदपुर

7. सवाल अनसुलझे।

ना जाने क्या बात हो गई,
फेर लिए उसने मुंह है,
दिल ने पुकारा बहुत पर,
ये सवाल अनसुलझे क्यों है।
नहीं समझे ख़ता हम अपनी,
ना जाने क्या हुई भूल है,
चलो भूल भी हो गई तो क्या,
ये सवाल अनसुलझे क्यों है।
निभाना चाहे है जो दिल से,
वो ख़ता को भी प्यार कहे,
ख़तावर हूं अगर मैं तो,
आकर तो तकरार करें।
नहीं शिकायत ना देखे हमको,
नहीं करते कुछ जुस्तजू है,
मन उलझा और तड़प रहा पर,
ये सवाल अनसुलझे क्यों है।
स्वरचित अनामिका मिश्रा
झारखंड जमशेदपुर

8. मन और दिल

आज मन से दिल का,
झगड़ा खूब हो गया,
मन में उथल-पुथल मचा और,
ज़िंदगी में हलचल हो गया।
समझाया पर हमने दिल को,
दिल समझना ना चाहे,
मन चंचल ये भटक रहा,
ठहरना भी तो ना चाहे।
मन की बातें दिल ना समझे,
दिल पर ना क्यों काबू है,
मन जरा ठहर भी जाए,
पर दिल होता बेकाबू है।
पल पल बीते ज़िन्दगी यूं ही,
हाथ कुछ भी ना लगा,
मन दिल में उलझा रहा और,
सब कुछ लगा बिखरा हुआ।
स्वरचित अनामिका मिश्रा
झारखंड जमशेदपुर

9. औरत की ज़िंदगी

ये संसार है औरत से ही,
धरा का कण-कण औरत से,
पर हर पग में देती परीक्षा,
अधिकार छीनता ये जहां उसी से।
न सांस मर्जी से ले सके,
ऐसी बेड़ियाँ है पैरों में,
घुट-घुट कर जीती है औरत,
रहती जीवन भर पिंजरे में।
सारे हक तो छीन लेते हैं,
शरीर को भोग समझते हैं,
भावनाओं को कुचल दें,
ऐसे दरिंदे होते हैं।
औरत भी इंसान है,
ये जीवन औरत का अपना,
जागो और जीत लो भय को,
पूरा कर लो सब सपना।
ये ब्रह्मांड कह रहा है तुमसे,
नारी तुम अबला नहीं,
तेरा जीवन तेरी खुशियां,
चल कदम बढ़ा तो सही।
मत दबना अब इस जहां में,
दिखा अब अपनी शक्ति को,
जो साथ चला रहे हैं दुश्मन,

छोड़ अपनी अंधभक्ति को।
तेरी खुशियां तेरा जीवन,
तेरा ही अधिकार है,
चल आगे कदम बढ़ा,
कर भय पर अब वार है।
स्वरचित अनामिका मिश्रा
झारखंड जमशेदपुर

10. शब्द

मन के भाव शब्दों में उतरते हैं,
भाव शब्द बन जाते हैं,
शब्द कितने भोले होते हैं,
जिसने लिखा उसी के हो जाते हैं।
शब्दों से होती बातें बयां,
बहुत कुछ ये कह जाते हैं,
मन में छुपा उद्गार प्रेम,
शब्द बनकर बाहर आते हैं।
शब्द भावों का मेल है,
भाव से ही शब्द निकले,
कभी लगे ये फूलसम,
कभी लगे जैसे तीर चले।
शब्द को हल्का मत समझो,
घायल ये करता है मन को,
नापतोल के इसे बनाओ,
शब्द बनाता इस जीवन को।
स्वरचित अनामिका मिश्रा
झारखंड जमशेदपुर

11. दिल में उठती तरंगों से

दिल में उठती तरंगों से,
हलचल जैसे हो रहा,
कभी लगे सब कुछ सुंदर,
कभी लगे सूरज डूबा।
कभी भय कभी शोक रहे,
कभी प्रसन्नता भाव हो,
दिल में उठती तरंगों से,
पल पल में बदलाव हो।
कैसा अपना दिल है ये,
तरंगों संग बदला जाए,
कभी ग़म के आंसू निकले,
कभी होठों पर मुस्कान आए।
तरंगों सी है जिंदगी,
दिल से इसका नाता है,
जीवन ये संगीत बनता,
दिल संग संग में गाता है।
स्वरचित अनामिका मिश्रा
झारखंड जमशेदपुर

12. बूंदों का जीवन

बूंदों का जीवन शुरु आसमान से,
ये तो सब ने जाना है,
आते ही इस धरती पर,
उसको फिर बह जाना है।
टपकते हुए आवाज ये करें,
ऊपर से वो दिखता है,
पर इसको हम पकड़ ना सके,
वजूद ना इसका टिकता है।
पानी बनकर बह जाए,
बूंदों की यही कहानी है,
क्षणिक भर का जीवन है,
क्षण में होता पानी है।
बूंदों की है यही खासियत,
नदिया ताले भर जाए,
एक एक बूंद भी जमा होकर,
लहर समंदर की बने जाए।
बूंद अकेला सूख जाता है,
साथ रहे वो भर जाए,
समंदर की लहरों में ताकत,
ये बूंदे मिलकर बन जाए।
जीवन भले न है इसका,
पर दुनिया की ये ताकत है,
कुछ ही पल में ही सारा,

काम बड़ा ये कर जाए।
स्वरचित अनामिका मिश्रा
झारखंड जमशेदपुर

13. मंझधार

एक धार में बह रही नदिया यहाँ किसने रोका है,
मंझदार को कब किनारे ने करीब से देखा है।
जिंदगी यहाँ दो दिनों की बेवजह भला रूठे क्यों,
बाँटते रहे प्यार होता भाग्य का बना लेखा है।
हौसला दिखाता हमें तो रास्ता सही जीवन का,
आस दीप जलता रहे बनता तभी यहाँ रस्ता है।
खूब ही मिलेंगे यहाँ पर फूल संग काँटे हमको,
फास चुभ गया तो हुआ क्या फास को कुचल बढ़ना है।
दीप हम जलाए रहे मन में सदा यहाँ आशा की,
तम मिटा यहाँ आज मन का आसमाँ हमें छूना है।
दरकिनार कर हम बढ़े चुभती यहाँ बात जो अपनों की,
जानते यहाँ खूब खुद को क्या हमें यहाँ लेना है।
बस खुदा यहाँ साथ देता रब 'अना' यहाँ साथी है,
लोग तो बदलते मगर साथ तो खुदा देता है।
स्वरचित अनामिका मिश्रा
झारखंड, जमशेदपुर

14. पुरुष

बोझ उठाते ये कंधे,
है पुरुष के सदा ही,
पर अहंकार उनकी,
बात इतनी सी यही।
कुछ नारी भी दोषी,
कुछ दोषी पुरुष भी,
हर बार पुरुष दोष युक्त हो,
ये भी न्याय संगत नहीं।
हर नारी हो सीता जरूरी नहीं,
हर पुरुष पर राम सा होता नहीं,
ये नियम कुछ ऐसे बने हैं यहां,
गलतियां यहां पर किसी की नहीं।
है कारण परिस्थिति ही यहां,
जो कराता है सारे ही गुनाह,
जो झोंकते हैं जिंदगी अपनी,
उसे भी तो छोड़े न सरफिरा जहां।
स्वरचित अनामिका मिश्रा
झारखंड जमशेदपुर

15. चंचल चितवन

भोली सूरत है कान्हा की,
ऊपर से चंचल चितवन,
सबके मन को हर लेते,
कान्हा के कमलनयन।
बातें मीठी मीठी करते,
खोता मां यशोदा का मन,
चंचलता लुभाए कान्हा की,
मानो ठहर जाए जीवन।
सावला रंग मटके नयन,
बातें करें नैन मटकाये,
चोरी कर लेते हैं माखन,
गोपियों का भी मन लुभाये।
मोर मुकुट अधर में बंसी,
ऊपर से चंचल चितवन,
संग बिराजे राधा गोरी,
हर्षाये सबका ये मन।
स्वरचित अनामिका मिश्रा
झारखंड जमशेदपुर

16. कृष्ण मेघ

कृष्णमेघ और श्वेत मिले,
छवि जैसे उभर रही,
ऐसा लगता क्रीड़ा करते,
दामिनी शोभा बढ़ा रही।
मिले मेघ और शोर करें,
घुमड़ घुमड़ कर गरज रहे,
टप टप बूंदें गिरने लगे,
दामिनी भी चमक रही ।
शीतल हुई फिर बयार,
बरखा रानी बरस रही,
छम छम गिरे धरा पर देखो
धरती गीली हो रही।
सौंधी सौंधी महक उभरी,
और कृष्णमेघ क्रीड़ा करें,
धरा सुहावन मनभावन,
हृदय को शीतल करे।
स्वरचित अनामिका मिश्रा
झारखंड जमशेदपुर

17. चिट्ठी

चिट्ठी एक संदेश है,
जो कलम से लिखी जाती है,
कलम का दिल से नाता है,
कलम से भावना बहती है।
भाव उतरते हैं चिट्ठी में,
हर एक शब्द में सच्चाई है,
जो भी लिखी जाती है,
रहती उसमें गहराई है।
पीड़ा खुशी जो भी हो हाल,
मन को वो छू लेता है,
संदेश कोई भी हो,
मन को झंकृत कर देता है।
इंतजार की खुशबू है,
चिट्ठी में छुपी हुई,
आसरा है राहत है,
शब्दों में उतरी हुई।
मन के भाव उमड़े होते,
जो मन में लिख जाते हैं,
चिट्ठी एक संदेश ऐसा,
जिनके शब्द मिट नहीं पाते हैं।
स्वरचित अनामिका मिश्रा
झारखंड जमशेदपुर

18. मशविरा

दिल दिमाग रहा उलझ बात किसकी सुनूँ मैं,
भावनाओं में बहे दिल जिस्त की अपनी करूं मैं।
दिल कहे कि माफ कर दो चाहते पर हम परखना,
वक्त बीता है परख कर बात अब कैसे कहूं मैं।
साथ चलना चाहता दिल ये दिमाग हमें डराए,
बहुत मुश्किल जहाँ में आज उलझन में रहूं मैं।
दिल कहे मैं पास जाऊँ ना गिले-शिकवे हो अब,
तोड़ सारी बड़ियों को आज उनसे जा मिलूं मैं।
प्यार का रिश्ता बताता दिल दिमाग नहीं कहे कुछ,
जीत जाता दिल सदा ही दर्द ये कैसे सहूँ मैं।
स्वरचित अनामिका मिश्रा
झारखंड जमशेदपुर

19. जिंदगी पड़ाव दर पड़ाव।

हर मोड़ पर रुकना पड़े,
पर नहीं रहता ठहराव,
किस बात का अफसोस,
जिंदगी पड़ाव दर पड़ाव।
हम मदमस्त चलते रहे,
पर मिला क्या सिर्फ घाव,
ठोकरे ही मिली हमको,
रहा ना अपना कोई भाव।
दर्द बढ़ता ही रहा और,
जख्म कर रहा बस रिसाव,
पर हम मोड़ पर अकेले ही रहे,
डगमगाती रही मेरी नाव।
कब तक पर हम सहे,
आने दो कितने ही पड़ाव,
हमने भी अब सीख लिया है,
कैसे चलना अपनी दांव।
स्वरचित अनामिका मिश्रा
झारखंड जमशेदपुर

20. किरण

निशा के तम मिटाकर जब सहर किरनें निकलती है, उजाला
खूब फैलाए वही फिर आस जगती है।
जगे तब चाहते भी फूल खिलते साथ मन में भी,
खिले हैं फूल मन में तब महक सी आज उठती है।
चहक उठते तभी पंछी बहारें मौज में रहती,
उतर के आसमां से जब किरण धरती को छूती है।
निराशा दूर भागे है लगे खुशियों करे आहट,
मिले हैं तो तभी मंज़िल चमक मन की चमकती है।
नहीं है हारना हमको यही ठाना यहाँ हमने,
अगर हो पास में जज्बा तभी तो राह मिलती है।
स्वरचित अनामिका मिश्रा
झारखंड जमशेदपुर

21. वो मां

वो मां कैसी रही होगी,
नहीं कभी डिगी होगी,
जो शहीदों को अपने,
दूध से सींच रही होगी।
पाल पोस कर बड़ा किया,
अपना खून पिलाया है,
शेर बना कर के लाल को,
शूर वीर बनाया है।
आंचल पकड़ के जो चला था,
जुदाई कैसे सही होगी,
सीने से चिपका कर रखती जो,
वो मां कैसी रही होगी।
आँचल की छाँव में बड़ा किया,
नज़रों से दूर न कभी किया,
सौंप दिया उसे देश की खातिर,
वो मां कैसी रही होगी।
इससे बड़ा क्या दर्द जहां में,
इससे बड़ी क्या सजा होगी,
जिसका लाल शहीद हो चला,
वो मां कैसी रही होगी।
स्वरचित अनामिका मिश्रा
झारखंड जमशेदपुर

22. धैर्य की नींव

नहीं समझते जब बात दिल की,
दिल से दूरी बना लिए हैं,
धैर्य की नींव दरक रही है,
अविश्वास ने पांव पसार दिए हैं।
धैर्य से ही मिले हैं रस्ते,
होते पूरे सारे सपने,
तोड़ता है अविश्वास को ये,
मजबूत नींव को बनाने हैं।
धैर्य भरोसा मजबूती है,
रिश्तों का आधार यही है,
पकड़ के दामन चलते रहना,
पास मंजिल के हम चल दिए हैं।
नहीं डिगना है विश्वास से,
गलतफहमियां मिटा रहे हैं,
जीत हमको जरूर मिलेगी,
भरोसा राहे दिखा रहे हैं।
स्वरचित अनामिका मिश्रा
झारखंड जमशेदपुर

23. उजाले की ओट

रात अंधेरी है रास्ते मुश्किल,
चल पड़े हैं कदम कठिन है पल पल,
पर अंधेरे को एहसास नहीं कि,
उजाले की ओट में है, अगर होता।
इन कदमों को मिली आहट रौशनी की,
तेजी से चल पड़ा बढ़ चला,
हल्की हल्की रौशनी दिखी,
उस अंधेरे की ओट से।।
जीत गए कदम मिल गई मंजिल,
किरनें थी आज बाहों में,
पीछे छूट गया था अंधेरा,
और मैं थी रौशनी की बाहों में।
सुखद एहसास जीत का,
मन में उमंग छा गया,
उजाला जो ओट में था,
अंधेरे को मिटा गया।
स्वरचित अनामिका मिश्रा
झारखंड जमशेदपुर

24. बंदगी

बंदगी को बंदगी रहने दो,
बंदगी तो मन के भाव है,
दायरों में ना बांधो इसको,
ये तो बहती नाव है।
समीप ले जाएंगे ईश्वर के,
पीड़ा मन की कहते हम,
बंदगी जो तो जरिया है जो,
ईश्वर तक पहुंचे हम।
मन के भाव प्रकट हम करते,
बेचैन दिल तब शांत तो हो,
बंदगी से हमें शक्ति मिलती,
जब दुखों का न अंत हो।
भला दायरा क्या बंदगी का,
मन को कौन है रोक सका,
मन तो उड़ता पंछी है जो,
जो ना कभी बंद सका।
बात मन की बंदगी करें,
बंदगी मन की ठौर है,
मन की व्यथा कहे बंदगी,
साथी न कोई और है।
मत रोको इसको अब,
बंदगी तो राह है,
मंजिल तक पहुंचाए बंदगी,

मत लो मन की आह है।
स्वरचित अनामिका मिश्रा
झारखंड जमशेदपुर

अध्याय25

आज कहाँ से चली आई हवाएं,
चूम रही क्यों फूल है,
जुबां खुद ही जैसे फिसल गई,
बदल रही हवाएँ अपना रुख है।
अच्छा लग रहा है रुख का बदलना,
लगता पूरा होने वाला है सपना,
सुनहरी सुनहरी से किरनें ले बाहों में,
कम हुआ है बेचैन मन का तड़पना।
मंजिल लग रही आज करीब है,
शरारत में बात निकली गंभीर है,
नूर बरसा रहा जैसे आसमां,
मिट रही व्याकुल मन की पीर है।
अब लगता है डर नहीं हमको,
प्यार तेरा जो करीब है,
फिर भी हवाओं के रुख बदले से हैं,
दरमियां क्यों कुछ फासले से हैं।
स्वरचित अनामिका मिश्रा
झारखंड जमशेदपुर

26. खुशबू

बहती हवा लाए खुशबू,
जो छू लेती है मन को अपने,
वसुंधरा की खुशबू और,
अपनों की सांसे हो जिसमें।
फूलों की खुशबू और,
सौंधी सौंधी माटी की खुशबू,
अपना देश अपना गांव,
अपने शहर की होती खुशबू।
खुशबू तो केवल महसूस होती,
मन के भाव को छूती है,
खट्टी मीठी घृणा द्वेष से परे,
प्रेम रस की होती है।
हम महके खुशबू बनकर,
जहां भी जाए महकते रहें,
अपनेपन का भाव हो जिसमें,
अपनी खुशबू की पहचान रहे।
खुशबू ऐसी हो अपनी की,
महक कोई दूजा न चढ़े,
हम महके कुछ इस तरह की,
सबको ही महकाते चले।
वो फूल बने हम भी,
करीब सब आना चाहे,
महकाये बगिया को ऐसे,

हमको सब सजाना चाहे।
शीतल करे मन को हम,
खुशबू बन महका करें,
कीचड़ में भी हो तो क्या,
कीचड़ में भी फूल बनें।
अनामिका मिश्रा
झारखंड जमशेदपुर

27. मेरी परिभाषा

क्या लिखूं खुद की परिभाषा,
परिभाषा बदलती रही मन की,
कभी टूटते ख्वाब दिखे और,
खुशी गम हर इक पल की।
दिल मेरा मचलता हुआ,
सपने आंखों में सजे,
रेत में नाम लिखूँ और,
फिर देखूँ मिटते हुए।
कभी उड़ना चाहूं पर,
पंख लगे कटे हुए,
कदम आगे बढ़ाऊँ तो,
वो भी है जकड़े हुए।
आज फिर हमने,
पंख अपने उगाए हैं,
तोड़ जंज़ीरों को फिर,
कदम आगे बढ़ाए हैं।
आज जागी है फिर से मन में,
जागी है मन में नयी आशा,
समझे आज खुद को हम,
अब जाने अपनी परिभाषा।
स्वरचित अनामिका मिश्रा
झारखंड जमशेदपुर

28. मैं

मैं हूं तो तू नहीं,
मैं मर कर ही तू हो पाऊंगा,
मैं मिटा ले अपने मन से तो,
सब में ही दिख जाऊंगा।
नहीं अपना कुछ है जग में,
समय भी साथ रहता नहीं,
मैं और तू का क्या अर्थ यहां,
वही रहता जो दिखता नहीं।
सच्चाई यही जो दिखे नहीं,
सच्चाई यही जो महसूस हो,
सच्चाई यही जो सिर्फ छुए,
नहीं कोई पर वजूद हो ।
गुमसुम हूँ मैं न पहचानूँ,
मैं में ही दुखी हूं मैं,
भटकूँ मैं खुद की तलाश में,
पर मैं के जाल में फंसी हूं मैं।
स्वरचित अनामिका मिश्रा
झारखंड जमशेदपुर

29. भौतिक रावण

तामसिक हवा ही चली है,
सात्विक का प्रभाव नहीं,
भौतिक रावण जलता है,
मानसिक रावण नहीं।
कितने रावण घूम रहे,
धरा जरा का मान नहीं,
निज भूमि का अपमान करें,
नारी का सम्मान नहीं।
कलुषित भावना है मन में,
अहंकार झूठा दिखा रहे,
अंधे बनकर व्याभिचारी,
संस्कार ही मिटा रहे।
रावण को जलाते हैं,
मन के रावण का दहन करें,
निर्बल हुए आत्मशक्ति से,
अंतर्मन को न प्रबल करें।
पहन मुखौटा घूमा करते,
निर्लज्जता की मिसाल नहीं,
वो रावण अचंभित होगा,
मैं तो मर के भी मरा नहीं।
स्वरचित अनामिका मिश्रा
झारखंड जमशेदपुर

30. राम सा चरित्र

हम राम राम रटते,पर राम बन न पाए,
बस नाम आज लेते सम्मान कर न पाए।
रावण बसा हुआ है हर चेहरे ढके हैं,
जो राम दिख रहा है पहचान हम न पाए।
हर चेहरा ढका है मन में कपट छुपा है,
दहलीज लांघते हैं हर नार को रुलाए।
नारी बनी खिलौना बस,लाज लूटते हैं,
है भेष राम का पर रावण छुपा दिखाए।
पहन रहे मुखौटा करते यहाँ दिखावा,
सच्चा रहे यहाँ जो रावण उसे बताए।
दुनिया बदल गई है पहचान कौन सकता,
मासूमियत लूटी है कैसे उसे बचाए।
पहचान राम को अब चरित्र बहुत मनोरम,
करके प्रयास कुछ तो कर अनुसरण दिखाए।
स्वरचित अनामिका मिश्रा
झारखंड जमशेदपुर

31. प्रेमसेतु

बीच की दूरियां मिलकर,
चलो आज मिटाते हैं,
चलो आज फिर हम,
अमन का रामसेतु बनाते हैं।
निश्छल भाव और प्रेम से,
विश्वास भरोसे के पत्थर से,
गलतफहमियां मिटाते हैं,
चलो आज फिर हम रामसेतु बनाते हैं।
कोई रूठा है हमसे तो,
चलो उसे फिर मनाते हैं,
पीड़ा हृदय की उसकी मिटाकर,
चलो प्रेम की फसल उगाते हैं।
क्या हुआ अगर झुक गए तो,
अहम खुद की हम मिटाए,
दूरियां दिलों के मिटा कर,
प्रेम सेतु हम बनाएं।
चले जाएंगे एक दिन हम भी,
ईश्वर तो रह ना पाये,
मिट जाएगी पहचान अपनी,
बस प्रेम सेतु ही रह जाए।
स्वरचित-अनामिका मिश्रा
झारखंड जमशेदपुर

32. आज का रावण

जला पुतला दिए हम आज,क्या रावण चला जाता,
निकल आए बहुत रावण,न कोई जान ये पाता,
यहाँ रावण बहुत है जो,मुखौटे में छुपे रहते,
यहाँ उनको पकड़ कर अब,जलाया क्यों नहीं जाता।
तमस मन में भरा सबके,बना ये ढोंग है केवल,
करें अपराध हो निर्लज्ज,बने पाखंड है केवल,
दहन कर ले विकारों का,करे कुछ लाज जीवन में,
जला पुतला भला क्या हो,बुराई दिख रही केवल।
करे अपमान नारी का,करे लज्जित उन्हें हर पल,
यहाँ मानव बना दानव,नहीं लज्जा न कोई हल,
सभी अबला डरी रहती,निडर हो कर न रह पाए,
जहाँ जाए वहीं रावण,दिखे है घूरता हर पल।
स्वरचित-अनामिका मिश्रा
झारखंड जमशेदपुर

33. राब्ता

प्यार में ढूंढते हम वफा रह गए,
आज करते हुए फैसला रह गए।
हम न भूले कभी दास्तां जो बनी,
भूलते आज सारी ज़फा रह गए।
जो हुआ आज अहसास छूता मुझे,
हम मिटाते सभी फासला रह गए।
डर लगता हमें वो बहाना कहे,
बीतते दिन यहाँ वो ख़फा रह गए।
देखते राह हम वो मुड़ेंगे कभी,
आज करते हुए राब्ता रह गए।
सोच पाए नहीं बात समझे नहीं,
हम न जाने खता क्या गिला रह गए।
हम जलाए शमाँ आज बुझने लगी,
पर 'अना' आज करते दुआ रह गए।
स्वरचित अनामिका मिश्रा
झारखंड जमशेदपुर

34. बगिया

फूल है हम बगिया के,
सदा खिरखिलाएंगे,
खिले रहेंगे हम सदा,
बगिया ये महकाएँगें।
फूल तो शोभा बगिया की,
बगिया की शान है,
बगिया फूल का आशियाना,
फूल बगिया की पहचान है।
बगिया ऐसी जगह,
जहां फूल हजारों खिलते हैं,
देख कर मन खुश हो जाए,
बगिया में हम चहकते हैं।
हरी भरी बगिया में,
सब आते जाते हैं,
पर फूलों को ना तोड़ना,
फुल बगिया महकाते हैं।
बगिया को सुंदर बनाएं,
स्वर्ग सा रहे सदा,
जहां बैठे बातें करें,
मन अपना महके सदा।
स्वरचित अनामिका मिश्रा
झारखंड जमशेदपुर

35. राखी

मन के बंधन जोड़ता,राखी का त्यौहार।
लेकर भाई आ गया,प्यारा सा उपहार।।
बहना राखी बाँधती,माँगे केवल प्यार।
खुशियाँ माँगे वो सदा,भाई ही संसार।।
इक दूजे का साथ दें,साथ बना सौगात।
और भला क्या चाहिए,बना यही जज्बात।।
बहना कभी पुकारती,भाई जाने बात।
दौड़ा आये भूल कर,देखता न दिन-रात।।
साथ सदा भाई रहे,सुख दुख में दे साथ।
ध्यान रखे भाई सदा,सदा बढ़ाता हाथ।।
प्यारा बंधन प्रेम का,बने सहारा आज।
पढ़ लेते हैं वेदना,बहना करती नाज।।
स्वरचित अनामिका मिश्रा
झारखंड जमशेदपुर

36. बरसात में

कर चलो आज इकरार बरसात में,
अब जता दो ज़रा प्यार बरसात में।
यूँ भिगाओ कभी तो हमें यार तुम,
भींगता ज्यों संसार बरसात में।
चाहते आज सुनना कहो बात वो,
अब करो खास इज़हार बरसात में।
मेघ छाये घटा भी बरसती रही,
बंद होती नहीं धार बरसात में।
झूमते मोर है झूमतीं डालियाँ,
है हरा आज श्रृंगार बरसात में।
भींगती ये धरा भी बहुत झूमती,
कर रही खूब आभार बरसात में।
अब 'अना' लोग स्वागत करें मेघ का,
मन रहे तीज त्यौहार बरसात में।
स्वरचित अनामिका मिश्रा
झारखंड जमशेदपुर

37. हिंदी

हमारी मातृभाषा है बनी पहचान है हिंदी,
हमारी शान है हिंदी हमारा मान है हिंदी।
सदा बोले ज़ुबाँ से हम सहज हिंदी सरल बोली,
मधुर भाषा सरस भाषा पढ़े विद्वान है हिंदी।
यही है देश की भाषा बढ़ाएं मान हिंदी का,
पढ़े इसको सदा मन से बना अभिमान है हिंदी।
छुपा इतिहास हिंदी में झलकता खूब अपनापन,
सदा ही प्रेम छलकाए छुपाए ज्ञान है हिंदी।
पढ़े जन-जन सदा हिंदी लिखे हर बात हिंदी में,
खुले हैं द्वार मस्तिष्क की करे विद्वान है हिंदी।
सजे हैं शब्द मोती से सभी अक्षर निराले हैं,
जगाए पूर्वजों का प्रेम पावन गान है हिंदी।
महकता प्रेम भारत का भरे हम ज्ञान हिंदी से,
प्रसारित हो जहाँमें आज हिंदुस्तान है हिंदी।
स्वरचित अनामिका मिश्रा
झारखंड जमशेदपुर

38. सावन

आया सावन झूम के,गाएँ मेघ मल्हार।
रिमझिम बरसा भी गिरे,भीग रहा संसार।।
मन ये गाए गीत है,छाया आज उमंग।
पावस इस मधुमास में,भीगे सारे अंग।।
घुमड़ रहा ये मेघ है,पवन करे है शोर।
स्वागत बरखा का करे,नाच रहें हैं मोर।।
हरी-भरी ये धरा लगे,हरियाली है खूब।
नदिया ताले भर गए,पेड़ गए हैं डूब।।
शिव शंकर को पूजने,आज लगा संसार।
इंद्रदेव बरसा करे,महिमा अपरंपार।।
स्वरचित अनामिका मिश्रा
झारखंड जमशेदपुर

39. चूड़ियाँ

खनक खन चूड़ियां खनकती है हाथों में,
खनक कर सताती है रातों में,
ये चूड़ियां कहती हैं बातें बहुत,
जो रहती है बहुत अनकही बातों में।
ये चूड़िया रंग बिरंगी,
सजती हाथों पर सतरंगी,
नारी का श्रृंगार अनुपम,
पहने नारी चूड़ियां रंग बिरंगी।
खनक पहचान कराएं,
दिल का पता बताएं,
खनकती मां की चूड़ी,
खनक अहसास कराएं।
खनक सजनी की अलग है,
खनक मां की अपनी,
ये चूड़ियां तो पहचान है,
इतनी सुंदर रिश्तों की।
सुहागन चूड़ी पहने,
चली वह सज धज के,
चूड़ी के नखरे देखो,
आकर्षित करती खनक खनक के।
चूड़ियां शोभा हाथों की,
लगती प्यारी हर रंग में,
लाल पीली या हरी हो,

सजती है ये सभी रंग में।
कांच की चूड़ी,लाख की चूड़ी,
चूड़ी मोतियों वाली हो,
चूड़ी चाहे जैसी भी रहे पर,
ये हाथ कभी ना खाली हो।
स्वरचित अनामिका मिश्रा
झारखंड जमशेदपुर

40. मां

ईश्वर का रूप है मां,
साथ सदा वो रहती है,
सुख-दुख बांटने वाली,
वो मां हमारी होती है।
आंचल में छुपा के रखती,
सीने से लगाती है,
सिर पर हाथ फेरने वाली,
वो मां हमारी होती है।
मन की हर बात वो जाने,
आंचल से आंसू पोंछती है,
दिल से दुआ देने वाली,
वो मां हमारी होती है।
रक्त से अपने सींचे हमको,
स्वयं का उसको ध्यान नहीं,
इस दिल को सहारा देने वाली,
वो मां हमारी होती है ।
संग हंसे और संग रोए,
दिन रात दुआ वो करती है,
बस हमारे लिए वो जीती,
हमारे लिए वो हंसती है।
कांटे सभी हटाए राह से,
सच्चा प्रेम वो करती है,
संसार में रक्षा करने वाली,

वो मां हमारी होती है।
स्वरचित अनामिका मिश्रा
झारखंड जमशेदपुर

अध्याय41

बेटियां

देखती सपने यहाँ की पंख बिटिया के खुले,
चाहती है माँ सदा ये ज़िंदगी उनकी खिले,
ख्वाब उनके आज पूरे हो,नहीं उनको रोकना,
त्याग जो माँ ने किये वो ख्वाब बिटिया को मिले।
आज उड़ना बेटियों को रोकना उनको नहीं,
ख्वाब उनके क्यों अधूरे रोकना उनको नहीं,
वो पढ़ेंगी वो लिखेंगी आज पढ़ने दो उसे,
है समझदार बेटियां टोकना उनको नहीं।
स्वरचित अनामिका मिश्रा
झारखंड जमशेदपुर

42. भला इस जहाँ में

नहीं अब गिला आज कोई करेंगे,
नहीं फैसला रंजिशों में करेंगे।
कहानी बनी इश्क़ की जो हमारी,
नहीं दास्तां आज रुसवा करेंगे।
जहाँ में रहे कौन किसका कभी भी,
मिले साथ तो आज सजदा करेंगे।
दुआ भी यहां आज बिकने लगी है,
मिले गर दुआ तो न सौदा करेंगे।
मिले जो हमें फलसफा वो हमारा,
भला इस जहाँ में सभी का करेंगे।
अगर बेवजह रूठ जाए ज़माना,
नहीं अब किसी को मनाया करेंगे।
जिसे चाह होगी मिलेंगे हमें वो,
'अना' ख्वाहिशें कर न रोया करेंगे।
स्वरचित अनामिका मिश्रा
झारखंड जमशेदपुर

43. अभिव्यक्ति से खिलवाड़

साहित्य हो या शिक्षा हो,
बस व्यापार हो रहा है,
अभिव्यक्ति के नाम पर,
आजकल खिलवाड़ हो रहा है।
लाचारी आज सजा है बनी,
खेल है पैसों का,
सच को झूठ झूठ को सच करें,
नहीं मान है सत्य का।
सदाचार और सद्भावना का,
कत्ल सरेआम हो रहा है,
विद्या हो या रोजगारी,
बस भ्रष्टाचार हो रहा है।
अभिव्यक्ति भी बिक गई है,
दिखावे से दुनिया सजी है,
चारों ओर अंधेरा फैला,
दूषित बयार चल रही है।
कहीं ना राहें दिखती अब तो,
मन में भय भरा हुआ,
कौन सी राह साफ-सुथरी,
दलदल है ढका हुआ।
हर कोई फंस रहा दलदल में,
हाहाकार हो रहा है,

ईश्वर का ही हाथ पकड़ो,
ना कोई उपाय और रहा है।
स्वरचित अनामिका मिश्रा
झारखंड जमशेदपुर

44. किनारा

न कोई साथ देता है गुज़ारा कर लिया हमने,
खुदी को ही खुदी का अब सहारा कर लिया हमने।
रहे सब साथ में लेकिन नहीं अपना रहे कोई,
बना रस्ता यहाँ सब से किनारा कर लिया हमने।
मिलेंगे रास्ते हमको रहेगी पास ही मंज़िल,
पसारे बाँह हम अपनी गवारा कर लिया हमने।
मिली है रौशनी हमको समेंटूँ बाँह में अपनी,
हमारी हसरतों को अब नज़ारा कर लिया हमने।
लगे पूरे हुए सपने यहाँ रोके न अब कोई,
'अना'अब ज़िंदगी सदके बहारा कर लिया हमने।
स्वरचित अनामिका मिश्रा
झारखंड, जमशेदपुर

45. मैं और मेरी एकांत

कभी-कभी दिल चाहे,
खुद से बैठ बातें करूं,
बेचैन मन को मिलता है आराम,
जब होती मैं और मेरी एकांत।
एकांत में मैं बातें करूं,
हाले दिल दिल से कहूं,
दिल ही मुझ को समझाए,
जब मैं संग एकांत के रहूं।
एकांत ही मेरी सहेली,
सुलझाती सारी पहेली,
व्याकुलता,भय,बेचैनी को,
समझाती एकांत मुझे अकेली।
मुझको मुझसे ही मिलवाए,
कभी ब्रह्मांड की सैर कराए,
ईश्वर की किरणें आकर छूती,
एकांत कराती ये अनुभूति।
निकालें हर उलझन का ये हल,
शांत करें मन के ये हलचल,
हौसला मुझको दे जाए,
ये एकांत साथ दे हर पल।
स्वरचित अनामिका मिश्रा
झारखंड, जमशेदपुर

46. बदलाव

परिवर्तन ही जीवन है,
हर मोड़ पर होता बदलाव यहां,
हम तो हैं मुसाफिर और,
बस मिलते हैं पड़ाव यहाँ।
यूं ही बीता जाए जीवन,
न मन ठहरे न ये सफर,
पीछे सब छूटता जाए,
सामने मिलती नयी डगर।
ये शहर बदले ये गांव बदले,
इंसान भी बदल जाते हैं,
राहों और पन्नों पर,
बदलाव सिमटते जाते हैं।
जीवन जैसे पानी की बूंदे,
बूंद कभी टिकता नहीं,
आसमा से नीचे गिरे,
फिर बनता है ये पानी ही।
पानी जैसा ये जीवन,
हर पल बदलता रहता है,
वाष्प बन बादल बने फिर,
बूंद बन कर टपकता है।
बदलता जीवन लहरों के संग,
और हिचकोले ही लेता रहे,
कभी नीचे कभी ऊपर आए,

हर पल चित्र बदलता रहे।
स्वरचित अनामिका मिश्रा
झारखंड जमशेदपुर

47. क्षितिज

मन में वहम होता है,
भरोसा गंवाए बैठा है,
मन से मन मिल जाए फिर भी,
एक क्षितिज हर कोई बनाएं बैठा है।
गलतफहमियों का नज़ारा,
मन में ठहराव कहां रहता है,
विश्वास की नाव डगमगाए और,
भंवर में फंसा लगता है।
दूषित हुई है भावना,
तम छाए रहता है,
ना जाने क्यों गलतफहमी में क्यों,
हर कोई क्षितिज बनाएं बैठा है।
धरती आकाश मिलते नहीं,
पर हम तो मिल जाए,
बातें सारी दरकिनार कर,
प्रेम के फूल खिलाए।
जीवन तो कुछ दिन का है,
क्षितिज क्यों बनाए हम,
तकरार भले हो जाए पर,
इक दूजे में समाए हम।
स्वरचित अनामिका मिश्रा
झारखंड जमशेदपुर

48. ख्वाब

रुक गए हैं कदम डगमगाते हुए,
बीत रातें गईं ग़म भुलाते हुए।
आज देते दुआ बद्दुआ हम नहीं,
बीत जाए सफर मुस्कुराते हुए।
चाहते थे मगर साथ तेरा यहाँ,
रह गये दूरियाँ हम मिटाते हुए।
ख्वाब मेरे यहाँ ख्वाब ही रह गए,
रह गए हम शमाँ को जलाते हुए।
सब अकेले यहाँ साथ कोई नहीं,
ताकते रह गए राह जाते हुए।
जल रहा दीप तो आज आंधी चली,
आंधियों में खड़े लौ बचाते हुए।
आज बेचैन मन क्या भरोसा करें,
बस 'अना' रह गई चैन पाते हुए।
स्वरचित अनामिका मिश्रा
झारखंड जमशेदपुर

49. साथी (मनहरण घनाक्षरी)

साथी अपना मन हो,
हम अपने स्वयं हो,
मन को आराम मिले,
घुल मिल जाइये।
स्वयं से ही बातें करें,
आईना निहारा करें,
स्वयं को पहचान के,
बात कह जाइए।
सुख दुख है अपना,
किसे हम बताएंगे,
खुद को ही बता कर,
आराम पा जाइए।
साथी कोई नहीं और,
आना-जाना है सबका,
बात सच्ची यही जान,
सतर्क हो जाइए।
स्वयं को देखे सब में,
प्रेम सबसे ही करे,
साथी फिरर जग बने,
गुणगान पाइए।
स्वरचित अनामिका मिश्रा
झारखंड जमशेदपुर

50. काश ऐसा हुआ होता

ना रहती मन में दिवारें,
हर दिल में बस दुआ होता,
ना नफरते और द्वेष होते,
काश ऐसा हुआ होता।
ना चीर हरण होता,
ना दुर्योधन हुआ होता,
अभिमन्यु की तरह चक्रव्यूह में,
ना अपनों ने छल्ला होता ।
ना देश ये बंटता आज,
गुलशन ये खिला होता,
अमन चैन एकता के माहौल में,
न कोई जवान शहीद हुआ होता।
प्रेम जैसा पावन जग में,
कुछ भी एहसास नहीं है,
दो प्रेमियों को मिलने से,
ना कोई रोक रहा होता।
दूषित मन झूठी मर्यादा,
ना ढोंग का पर्दा होता,
ना कोई अबला छली जाती,
ना प्रेम में धोखा होता।
स्वरचित अनामिका मिश्रा
झारखंड जमशेदपुर

51. मुर्दों का शहर

कोई ना सुनता सिसकियां,
फिर क्यों यहां सिसकता हूं,
जिंदा लाशें घूम रहीं है,
मैं मुर्दों के शहर में रहता हूं।
ना चीख सुने ना दर्द सुने,
न ज़ख्म किसी को दिखता है,
खत्म हुई है मानवता ये,
लाचार सिसकता रहता है।
गिरे हुए को कौन उठाए,
कैसे अबला स्वच्छंद रहे,
दीन हीन जो रहे यहां,
मुर्दों के शहर में भटक रहे।
नहीं रही अब आस किसी को,
खत्म हुआ विश्वास यहाँ,
तड़प तड़प के रह जाए पर,
कैसे बताएं मुर्दों को बात यहाँ।
समय चक्र ही ऐसा चला है,
कोई न जीवित है मन से,
इंसानियत मुर्दा हो गई,
केवल मानव दिखता तन से।
स्वरचित अनामिका मिश्रा
झारखंड जमशेदपुर

52. अपनों से दूरी

विश्वास की नाव डूबने लगी है,
गलतफहमियां मन में है भरी,
प्रेम ही नहीं रहा हृदय में,
बढ़ने लगी है अपनों से दूरी।
होड़ लगी है जीतने की,
अंतर मन में अंतर है,
अहम और हार जीत में रह गए,
नीरसता मन के अंदर है।
लाचारी ही हो गई है,
सबकी अपनी है मजबूरी,
आपाधापी है जीवन की,
हो गई अपनों से दूरी।
इतनी प्रतिस्पर्धा है जीवन में,
सबकी लगती है बोली,
मूल्य आंका जाता है अब तो,
बढ़ने लगी है इसलिए दूरी।
मानवता का कोई मोल नहीं,
पर अब आंके जाते हैं,
बोली जिसकी अधिक लगे,
वही करीब आ पाते हैं।
भावना प्रेम सच्चाई,
रह गई है अब कोरी कोरी,
स्वार्थ के सब नाते हैं,

अपनों से हो गई है दूरी।
स्वरचित अनामिका मिश्रा
झारखंड जमशेदपुर

53. शालीनता

मन में हो विनम्रता,
दिखे फिर शालीनता,
स्वभाव में सहजता,
शालीनता की है झलक।
दिखावा जिसमें नहीं,
स्वयं ही झलकती है,
शालीनता से पहुंचे,
चढ़कर हम फलक।
शालीनता संस्कार है,
रहे दूर विकार है,
शालीन हो दिखाइए,
स्वयं फिर जाए छलक।
प्रेम सद्भाव दिखता,
गंभीर स्वभाव रहे,
सब का आदर करें,
झुक जाती फिर पलक।
स्वरचित अनामिका मिश्रा
झारखंड जमशेदपुर